# LE MEDECIN MALGRE' LVY.

*COMEDIE.*

Par I. B. P. MOLIERE.

*Et se vend pour la Veuve de l'Autheur,*

A PARIS,

Chez HENRY LOYSON, au Palais, dans la Salle Dauphine, du costé de Saint Barthelemy, à la Croix d'Or.

M. DC. LXXIII.

*AVEC PRIVILEGE DV ROY.*

# EXTRAIT DV PRIVILEGE DV ROY.

PAR Grace & Privilege du Roy, donné à S. Germain en Laye le 18. jour de Mars 1671. Signé, Par le Roy en ſon Conſeil, D'ALENCE' : Il eſt permis à I. B. P. DE MOLIERE, l'un de nos Comediens, de faire réimprimer, vendre & debiter toutes les Pieces de Theatre par luy composées juſques à preſent, leſquelles ont eſté repreſentées, & ce conjointement ou ſeparément, en un ou pluſieurs Volumes, en telle marge & caractere, & autant de fois que bon luy ſemblera, par tel Imprimeur ou Libraire qu'il voudra choiſir, pendant le temps de neuf années accomplies, à compter du jour que chaque Piece ou Volume ſera achevé d'imprimer pour la premiere fois, en vertu des Preſentes : Et defenſes ſont faites à toutes Perſonnes, de quelque qualité & condition qu'elles ſoient, d'en faire imprimer, vendre, ny debiter d'autre Edition que celle de l'Expoſant, ou de ceux

ã ij

qui auront droit de luy, à peine de dix mille livres d'amende, payable ſans deport par chacun des contrevenans, confiſcation des Exemplaires contrefaits, & de tous deſpens, dommages & intereſts : Outre les ſuſdites peines, tous Libraires, Imprimeurs, & Relieurs, qui ſe trouveront ſaiſis d'aucuns Exemplaires contrefaits, ſeront privez & ſequeſtrez du Corps de la Librairie, ſans pouvoir à l'avenir s'en meſler en aucune maniere, ainſi qu'il eſt porté par leſdites Lettres de Privilege.

*ET AV DOS EST ECRIT.*

L'an mil ſix cens ſoixante & onze, le 14. jour d'Aouſt, à la requeſte de I. B. P. de Moliere; Nous Huiſſier ordinaire du Roy en ſes Conſeils, ſous-ſigné, continuant la requiſition d'enregiſtrer le Privilege cy-deſſus, a eſté ſignifié aux fins y contenuës, & baillé copie, & fait les defenſes y portées ſur leſdites peines, à la Communauté des Marchands Libraires de cette Ville de Paris, au domicile de M. Seveſtre Syndic de ladite Communauté, tant pour luy que pour les autres Syndics deſdits Marchands Libraires, en parlant à sa personne en cette Ville de Paris, à ce qu'ils ayent presentement à faire l'enregistrement dudit Privilege; sinon & à faute de ce faire, que la presente Signification vaudra Enregistrement, à ce que tant luy que ladite Communauté des Marchands Libraires n'en ignorent. Signé, OLIVIER.

*Achevé d'imprimer pour la premiere fois en vertu des Presentes, le 21. Mars 1673.*

# ACTEURS.

SGANARELLE, Mary de Martine.

MARTINE, Femme de Sganarelle.

M. ROBERT, Voiſin de Sganarelle.

VALERE, Domeſtique de Geronte.

LUCAS, Mary de Iacqueline.

GERONTE, Pere de Lucinde.

JACQUELINE, Nourrice chez Geronte, & Femme de Lucas.

LUCINDE, Fille de Geronte.

LEANDRE, Amant de Lucinde.

THIBAUT, Pere de Perrin.

PERRIN, Fils de Thibaut, Païſan.

# LE MEDECIN MALGRE' LUY.

## COMEDIE.

## ACTE PREMIER.

### SCENE PREMIERE.

SGANARELLE, MARTINE, *en se querellant.*

SGANARELLE.

ON, je te dis que je n'en veux rien faire, & que c'est à moy de parler, & d'estre le Maistre.

MARTINE.

Et je te dis, moy, que je veux que tu

vives à ma fantaisie, & que je ne me suis point mariée avec toy pour souffrir tes fredaines.

SGANARELLE.

O la grande fatigue que d'avoir une Femme! & qu'Aristote a bien raison, quand il dit qu'une Femme est pire qu'un Démon!

MARTINE.

Voyez un peu l'habile Homme, avec son benest d'Aristote.

SGANARELLE.

Oüy habile Homme. Trouve moy un faiseur de Fagots qui sçache, comme moy, raisonner des choses; qui ait servy six ans un fameux Medecin; & qui ait sçeu dans son jeune âge son Rudiment par cœur.

MARTINE.

Peste du Fou fieffé.

SGANARELLE.

Peste de la Carogne.

MARTINE.

Que maudit soit l'heure & le jour, où je m'avisay d'aller dire oüy!

SGANARELLE.

Que maudit soit le Bec-cornu de Notaire qui me fit signer ma ruine!

MARTINE.

C'est bien à toy, vrayment, à te plaindre de cette affaire. Devrois-tu estre un seul moment sans rendre graces au Ciel de m'avoir pour ta Femme? & meritois-tu d'épouser une Personne comme moy?

SGANARELLE.

Il est vray que tu me fis trop d'honneur, & que j'eus lieu de me loüer la premiere nuit de nos Nopces. Hé, morbleu, ne me fais point parler là-dessus; je dirois de certaines choses....

MARTINE.

Quoy, que dirois-tu?

SGANARELLE.

Baste. Laissons-là ce Chapitre, il suffit que nous sçavons ce que nous sçavons, & que tu fus bien-heureuse de me trouver.

MARTINE.

Qu'appelles-tu bien-heureuse de te trouver? Un Homme qui me réduit à l'Hospital, un Débauché, un Traistre qui me mange tout ce que j'ay.

SGANARELLE.

Tu as menty, j'en boy une partie.

MARTINE.

Qui me vend, piece-à-piece, tout ce qui est dans le Logis.

SGANARELLE.

C'est vivre de Ménage.

MARTINE.

Qui m'a osté jusqu'au Lit que j'avois.

SGANARELLE.

Tu t'en leveras plus matin.

MARTINE.

Enfin, qui ne laisse aucun Meuble dans toute la Maison.

SGANARELLE.

On en déménage plus aisément.

MARTINE.

Et qui du matin jusqu'au soir ne fait que joüer & que boire.

SGANARELLE.

C'est pour ne me point ennuyer.

MARTINE.

Et que veux-tu, pendant ce temps, que je fasse avec ma Famille?

SGANARELLE

Tout ce qu'il te plaira.

MARTINE.

J'ay quatre pauvres petits Enfans sur les bras.

SGANARELLE.

Mets les à terre.

MARTINE.

Qui me demandent à toute heure du pain.

SGANARELLE.

Donne leur le foüet. Quand j'ay bien bû & bien mangé, je veux que tout le monde soit saoul dans ma Maison.

MARTINE.

Et tu pretens, Yvrogne, que les choses aillent toûjours de mesme?

SGANARELLE.

Ma Femme, allons tout doucement, s'il vous plaist.

MARTINE.

Que j'endure éternellement tes insolences & tes débauches?

SGANARELLE.

Ne nous emportons point, ma Femme.

MARTINE.

Et que je ne sçache pas trouver le moyen de te ranger à ton devoir?

SGANARELLE.

Ma Femme, vous sçavez que je n'ay pas l'ame endurante, & que j'ay le bras assez bon.

MARTINE.

Je me moque de tes menaces.

SGANARELLE.

Ma petite Femme, ma Mie, vostre peau vous demange, à vostre ordinaire.

MARTINE.

Je te montreray bien que je ne te crains nullement.

SGANARELLE.

Ma chere Moitié, vous avez envie de me dérober quelque chose.

MARTINE.

Crois-tu que je m'épouvante de tes paroles?

SGANARELLE.

Doux Objet de mes vœux, je vous froteray les oreilles.

MARTINE.

Yvrogne que tu es.

SGANARELLE.

Je vous battray.

MARTINE.

Sac à-vin.

SGANARELLE.

Je vous rosseray.

MARTINE.

Infame.

SGANARELLE.

Je vous étrilleray.

MARTINE.

Traistre, Insolent, Trompeur, Lâche, Coquin, Pendart, Gueux, Belistre, Fripon, Maraut, Voleur....

SGANARELLE *prend un Baston, & luy en donne.*

Ah, vous en voulez donc?

MARTINE.

Ah, ah, ah, ah.

SGANARELLE.

Voila le vray moyen de vous appaiser.

## SCENE II.

MONSIEUR ROBERT, SGANARELLE, MARTINE.

M. ROBERT.

HOla, hola, hola; Fy. Qu'est-ce-cy? Quelle infamie! Peste soit le Coquin, de battre ainsi sa Femme.

MARTINE *les mains sur les costez luy parle en le faisant reculer, & à la fin luy donne un souflet.*

Et je veux qu'il me batte, moy.

M. ROBERT.

Ah, j'y consens de tout mon cœur.

MARTINE.

Dequoy vous meslez-vous?

M. ROBERT.

J'ay tort.

MARTINE.

Est-ce là vostre affaire?

M. ROBERT.

Vous avez raison.

MARTINE.

Voyez un peu cet Impertinent, qui veut empescher les Marys de battre leurs Femmes.

M. ROBERT.

Je me retracte.

MARTINE.

Qu'avez-vous à voir là-dessus?

M. ROBERT.

Rien.

MARTINE.

Est-ce à vous d'y mettre le nez?

M. ROBERT.

Non.

MARTINE.

Meslez-vous de vos affaires.

M. ROBERT.

Je ne dis plus mot.

MARTINE.

Il me plaist d'estre battuë.

M. ROBERT.

D'accord.

MARTINE.

Ce n'est pas à vos despens.

M. ROBERT.

Il estvray.

MARTINE.

Et vous estes un Sot, de venir vous fourrer où vous n'avez que faire.

M.ROBERT *passe en suite vers le Mary, qui pareillement luy parle toûjours en le faisant reculer, le frape avec le mesme Baston, le met en fuite, & dit à la fin.*

Compere, je vous demande pardon de tout mon cœur. Faites, rossez, battez comme il faut vostre Femme; je vous aideray si vous le voulez.

SGANARELLE.

Il ne me plaist pas, moy.

M. ROBERT.

Ah, c'est une autre chose!

SGANARELLE.

Je la veux battre, si je le veux; & ne la veux pas battre si je ne le veux pas.

M. ROBERT.

Fort bien.

SGANARELLE.

C'est ma Femme, & non pas la vostre.

M. ROBERT.

Sans doute.

SGANARELLE.

Vous n'avez rien à me commander.

M. ROBERT.

D'accord.

SGANARELLE.

Je n'ay que faire de vostre aide.

M. ROBERT.

Tres-volontiers.

SGANARELLE.

Et vous estes un Impertinent, de vous ingerer des affaires d'autruy. Apprenez que Ciceron dit qu'entre l'arbre & le doigt il ne faut point mettre l'écorce. *En suite il revient vers sa Femme, & luy dit en luy pressant la main.* O çà, faisons la paix nous deux. Touche là.

MARTINE.

Oüy, apres m'avoir ainsi batuë?

SGANARELLE.

Cela n'eſt rien. Touche.

MARTINE.

Je ne veux pas.

SGANARELLE.

Eh?

MARTINE.

Non.

SGANARELLE.

Ma petite Femme.

MARTINE.

Point.

SGANARELLE.

Allons, te dis-je.

MARTINE.

Je n'en feray rien.

SGANARELLE.

Vien, vien, vien.

MARTINE.

Non, je veux eſtre en colere.

SGANARELLE.

Fy, c'eſt une bagatelle ; allons, allons.

MARTINE.

Laiſſe-moy là.

SGANARELLE.

Touche, te dis-je.

MARTINE.

Tu m'as trop mal traitée.

SGANARELLE.

Et bien va, je te demande pardon, mets-là ta main.

MARTINE *bas.*

Je te pardonne, mais tu le payeras.

SGANARELLE.

Tu es une Folle de prendre garde à cela; Ce sont petites choses qui sont de temps en temps necessaires dans l'amitié, & cinq ou six coups de baston entre gens qui s'aiment, ne font que ragaillardir l'affection. Va, je m'en vais au Bois, & je te promets aujourd'huy plus d'un cent de Fagots.

## SCENE III.

MARTINE *seule.*

VA, quelque mine que je fasse, je n'oubliray pas mon ressentiment, & je brûle en moy-mesme de trouver les moyens de te punir des coups que tu me donnes. Je sçay bien qu'une Femme a toûjours dans les mains dequoy se vanger d'un Mary ; mais c'eſt une punition trop delicate pour mon Pendart : Je veux une vangeance qui ſe faſſe un peu mieux ſentir, & ce n'eſt pas contentement pour l'injure que j'ay reçeuë.

## SCENE IV.

### VALERE, LUCAS, MARTINE.

LUCAS.

PArguenne j'avons pris là tous deux une gueble de commiſſion ; & je ne ſçay pas, moy, ce que je penſons attraper.

VALERE.

Que veux-tu, mon pauvre Nourricier, il faut bien obeïr à noſtre Maiſtre ; & puis nous avons intereſt, l'un & l'autre, à la ſanté de ſa Fille, noſtre Maiſtreſſe, & ſans doute ſon Mariage differé par ſa Maladie nous vaudra quelque récompenſe. Horace qui eſt liberal, a bonne part aux pretentions qu'on peut avoir ſur ſa Perſonne ; & quoy qu'elle ait fait voir de l'amitié pour un certain Leandre, tu ſçais bien que ſon Pere n'a jamais voulu conſentir à le recevoir pour ſon Gendre.

MARTINE *révant à part-elle.*

Ne puis-je point trouver quelque invention pour me vanger?

LUCAS.

Mais quelle fantaisie s'est-il bouté là dans la teste, puis que les Medecins y avont tous pardu leur Latin?

VALERE.

On trouve quelquefois à force de chercher, ce qu'on ne trouve pas d'abord; & souvent en de simples lieux...

MARTINE.

Oüy, il faut que je m'en vange à quelque prix que ce soit; Ces coups de baston me reviennent au cœur, je ne les sçaurois digerer, &.... *Elle dit ce cy en révant, de sorte que ne prenant pas garde à ces deux Hommes, elle les heurte en se retournant, & leur dit.* Ah! Messieurs, je vous demande pardon, je ne vous voyois pas, & cherchois dans ma teste quelque chose qui m'embarasse.

VALERE.

Chacun a ses soins dans le Monde; & nous cherchons ce que nous voudrions bien trouver.

MARTINE.

Seroit-ce quelque chose où je vous puisse aider?

VALERE.

Cela se pourroit faire ; & nous tâchons de rencontrer quelque habile Homme, quelque Medecin particulier qui pût donner quelque soulagement à la Fille de nostre Maistre, attaquée d'une Maladie qui luy a osté tout d'un coup l'usage de la langue. Plusieurs Medecins ont déja épuisé toute leur Science apres elle ; mais on trouve par fois des Gens avec des Secrets admirables ; de certains Remedes particuliers, qui font le plus souvent ce que les autres n'ont sçeu faire, & c'est là ce que nous cherchons.

MARTINE *dit ces deux premieres lignes bas.*

Ah, que le Ciel m'inspire une admirable invention pour me vanger de mon Pendart! *haut.* Vous ne pouviez jamais vous mieux adresser pour rencontrer ce que vous cherchez ; & nous avons un Homme, le plus merveilleux Homme du Monde, pour les Maladies desesper ées.

VALERE.

Et de grace, où pouvons-nous le rencontrer?

MARTINE.

Vous le trouverez maintenant vers ce petit lieu que voila, qui s'amuse à couper du Bois.

LUCAS.

Un Medecin qui coupe du Bois!

VALERE.

Qui s'amuse à cüeillir des Simples, voulez-vous dire?

MARTINE.

Non. C'est un Homme extraordinaire, qui se plaist à cela, fantasque, bizarre, quinteux, & que vous ne prendriez jamais pour ce qu'il est: Il va vestu d'une façon extravagante, affecte quelquefois de paroistre ignorant, tien sa Science renfermée, & ne fuit rien tant tous les jours, que d'exercer les merveilleux talens qu'il a eus du Ciel pour la Medecine.

VALERE.

C'est une chose admirable, que tous les grands Hommes ont toûjours du caprice, quelque petit grain de folie meslé à leur Science.

MARTINE.

La folie de celuy-cy est plus grande qu'on ne peut croire ; car elle va parfois jusqu'à vouloir estre battu pour demeurer d'accord de sa capacité, & je vous donne avis que vous n'en viendrez pas à bout, qu'il n'avoüera jamais qu'il est Medecin, s'il se le met en fantaisie, que vous ne preniez chacun un baston, & ne le reduisiez à force de coups, à vous confesser à la fin, ce qu'il vous cachera d'abord : c'est ainsi que nous en usons quand nous avons besoin de luy.

VALERE.

Voila une étrange folie!

MARTINE.

Il est vray : mais apres cela vous verrez qu'il fait des merveilles.

VALERE.

Comment s'appelle-t-il?

MARTINE.

Il s'appelle Sganarelle ; mais il est aisé à connoistre. C'est un Homme qui a une large Barbe noire, & qui porte une Fraise, avec un Habit jaune & vert.

LUCAS.

Un Habit jaune & vart ! C'est donc le Medecin des Paroquets.

VALERE.

Mais eſt-il bien vray qu'il ſoit ſi habile que vous le dites?

MARTINE.

Comment! c'eſt un Homme qui fait des miracles. Il y a ſix mois qu'une Femme fut abandonnée de tous les autres Medecins: on la tenoit morte il y avoit déja ſix heures; & l'on ſe diſpoſoit à l'enſevelir, lors qu'on y fit venir de force l'Homme dont nous parlons. Il luy mit, l'ayant veuë, une petite goute de je ne ſçay quoy dans la bouche; & dans le meſme inſtant elle ſe leva de ſon Lit, & ſe mit auſſi-toſt à ſe promener dans ſa Chambre, comme ſi de rien n'euſt eſté.

LUCAS.

Ah!

VALERE.

Il falloit que ce fut quelque goute d'Or potable.

MARTINE.

Cela pourroit bien eſtre. Il n'y a pas trois ſemaines encore, qu'un jeune Enfant de douze ans tomba du haut du Clocher en bas, & ſe briſa ſur le pavé la teſte, les bras, & les jambes. On n'y eut pas plutoſt amené noſſte Homme, qu'il le frotta par tout le corps d'un certain Onguent qu'il ſçait faire ; & l'Enfant auſſi-toſt ſe leva ſur ſes pieds, & courut joüer à la foſſette.

LUCAS.

Ah!

VALERE.

Il faut que cet Homme-là ait la Medecine Univerſelle.

MARTINE.

Qui en doute?

LUCAS.

Teſtigué, vela juſtement l'Homme qu'il nous faut : allons viſte le charcher.

VALERE.

Nous vous remercions du plaiſir que vous nous faites.

MARTINE.

Mais ſouvenez-vous bien au moins de l'avertiſſement que je vous ay donné.

LUCAS.

Eh morguenne, laiſſez-nous faire ; s'il ne tient qu'à battre, la Vache eſt à nous.

VALERE.

Nous ſommes bien heureux d'avoir fait cette rencontre ; & j'en conçois pour moy la meilleure eſperance du monde.

# SCENE V.

## SGANARELLE, VALERE, LUCAS.

SGANARELLE *entre sur le Theatre en chantant & tenant une Bouteille.*

LA, la, la.

VALERE.

J'entens quelqu'un qui chante, & qui coupe du Bois.

SGANARELLE.

La, la, la... Ma foy, c'est assez travaillé pour boire un coup; prenons un peu d'haleine. *Il boit, & dit apres avoir bû.* Voila du Bois qui est salé comme tous les Diables.

*Qu'ils sont doux,*
*Bouteille jolie,*
*Qu'ils sont doux*
*Vos petits glou-gloux!*
*Mais mon sort feroit bien des jaloux,*
*Si vous estiez toûjours remplie:*
*Ah! Bouteille ma mie,*
*Pourquoy vous vuidez-vous?*

Allons, morbleu, il ne faut point engendrer de mélancolie.

VALERE.

Le voila luy-mesme.

LUCAS.

Je pense que vous dites vray, & que j'avons bouté le nez dessus.

VALERE.

Voyons de pres.

SGANARELLE *les appercevant, les regarde en se tournant vers l'un, & puis vers l'autre; & abaissant sa voix, dit.*

Ah ma petite Fripone, que je t'aime, mon petit bouchon! *Mon sort....feroit....bien des....jaloux, Si....* Que Diable, à qui en veulent ces Gens-là?

VALERE.

C'est luy assurément.

LUCAS.

Le vela tout craché comme on nous l'a défiguré.

SGANARELLE *à part.*

*Icy il pose la Bouteille à terre; & Valere se baissant pour le salüer, comme il croit que c'est à dessein de la prendre, il la met de l'autre costé: en suite dequoy, Lucas faisant la mesme chose, il la reprend, & la tient contre son estomach, avec divers gestes, qui font un grand jeu de Theatre.*

Ils consultent en me regardant. Quel dessein auroient ils?

VALERE.

Monsieur, n'est-ce pas vous qui vous appellez Sganarelle?

SGANARELLE.

Eh, quoy?

VALERE.

Je vous demande si ce n'est pas vous qui se nomme Sganarelle?

SGANARELLE *se tournant vers Valere, puis vers Lucas.*

Oüy, & non, selon ce que vous luy voulez.

VALERE.

Nous ne voulons que luy faire toutes les civilitez que nous pourrons.

SGANARELLE.

En ce cas, c'est moy qui se nomme Sganarele.

VALERE.

Monsieur, nous sommes ravis de vous voir. On nous a adressez à vous pour ce que nous cherchons; & nous venons implorer vostre aide, dont nous avons besoin.

SGANARELLE.

Si c'eſt quelque choſe, Meſſieurs, qui dépende de mon petit negoce, je ſuis tout preſt à vous rendre ſervice.

VALERE.

Monſieur, c'eſt trop de grace que vous nous faites : mais, Monſieur, couvrez-vous, s'il vous plaiſt, le Soleil pourroit vous incommoder.

LUCAS.

Monſieu, boutez deſſus.

SGANARELLE *bas.*

Voicy des Gens bien pleins de cerémonie.

VALERE.

Monſieur, il ne faut pas trouver étrange que nous venions à vous : les habiles Gens ſont toûjours recherchez, & nous ſommes inſtruits de voſtre capacité.

SGANARELLE.

Il eſt vray, Meſſieurs, que je ſuis le premier Homme du Monde pour faire des Fagots.

VALERE.

Ah Monſieur....

SGANARELLE.

Je n'y épargne aucune choſe, & les fais

d'une façon qu'il n'y a rien à dire.

VALERE.

Monsieur, ce n'est pas cela dont il est question.

SGANARELLE.

Mais aussi je les vens cent dix sols le cent.

VALERE.

Ne parlons point de cela, s'il vous plaist.

SGANARELLE.

Je vous promets que je ne sçaurois les donner à moins.

VALERE.

Monsieur, nous sçavons les choses.

SGANARELLE.

Si vous sçavez les choses, vous sçavez que je les vens cela.

VALERE.

Monsieur, c'est se moquer, que....

SGANARELLE.

Je ne me moque point, je n'en puis rien rabattre.

VALERE.

Parlons d'autre façon, de grace.

SGANARELLE.

Vous en pourrez trouver autre-part à moins; il y a Fagots, & Fagots: Mais pour ceux que je fais....

VALERE.

Eh, Monsieur, laissons-là ce discours.

SGANARELLE.

Je vous jure que vous ne les auriez pas, s'il s'en falloit un double.

VALERE.

Eh fy.

SGANARELLE.

Non, en conscience, vous en payerez cela. Je vous parle sincerement, & ne suis pas Homme à surfaire.

VALERE.

Faut-il, Monsieur, qu'une Personne comme vous s'amuse à ces grossieres feintes? s'abaisse à parler de la sorte? Qu'un Homme si sçavant, un fameux Medecin comme vous estes, veüille se déguiser aux yeux du Monde, & tenir enterrez les beaux talens qu'il a?

SGANARELLE *à part.*

Il est fou.

VALERE.

De grace, Monsieur, ne dissimulez point avec nous.

SGANARELLE.

Comment?

LUCAS.

Tout ce tripotage ne ſart de rian ; je ſçavons çen que je ſçavons.

SGANARELLE.

Quoy donc, que me voulez-vous dire? Pour qui me prenez-vous?

VALERE.

Pour ce que vous eſtes, pour un grand Medecin.

SGANARELLE.

Medecin vous-meſme; je ne le ſuis point, & ne l'ay jamais eſté.

VALERE *bas.*

Voila ſa folie qui le tient. *haut.* Monſieur, ne veüillez point nier les choſes davantage; & n'en venons point, s'il vous plaiſt, à de fâcheuſes extrémitez.

SGANARELLE.

A quoy donc?

VALERE.

A de certaines choſes dont nous ſerions marris.

SGANARELLE.

Parbleu, venez-en à tout ce qu'il vous plaira ; je ne ſuis point Medecin, & ne ſçay ce que vous me voulez dire.

VALERE *bas.*

Je voy bien qu'il faut ſe ſervir du remede. *haut.* Monſieur, encor un coup, je vous prie d'avoüer ce que vous eſtes.

LUCAS.

Et teſtigué ne lantiponez point davantage, & confeſſez à la franquette que v'eſtes Medecin.

SGANARELLE.

J'enrage.

VALERE.

A quoy bon nier ce qu'on ſçait?

LUCAS.

Pourquoy toutes ces fraimes-là? à quoy eſt-ce que ça vous ſart?

SGANARELLE.

Meſſieurs, en un mot, autant qu'en deux mille, je vous dis que je ne ſuis point Medecin.

VALERE.

Vous n'eſtes point Medecin?

SGANARELLE.

Non.

LUCAS.

V'neſtes pas Medecin?

SGANARELLE.

Non, vous dis-je.

VALERE.

Puis que vous le voulez, il faut s'y résoudre.

*Ils prenent un baston, & le frapent.*

SGANARELLE.

Ah! ah! ah! Messieurs, je suis tout ce qu'il vous plaira.

VALERE.

Pourquoy, Monsieur, nous obligez-vous à cette violence?

LUCAS.

A quoy bon nous bailler la peine de vous battre?

VALERE.

Je vous assure que j'en ay tous les regrets du monde.

LUCAS.

Par masigné j'en sis fâché franchement.

SGANARELLE.

Que Diable est-ce-cy, Messieurs? De grace, est-ce pour rire; ou si tous deux vous extravaguez, de vouloir que je sois Medecin?

VALERE.

Quoy, vous ne vous rendez pas encore, & vous vous defendez d'estre Medecin?

SGANARELLE.

Diable emporte, si je le suis.

LUCAS.

Il n'est pas vray qu'ous sayez Medecin?

SGANARELLE.

Non, la peste m'étouffe. *Là ils recommencent de le battre.* Ah,ah. Hébien, Messieurs, oüy, puis que vous le voulez, je suis Medecin, je suis Medecin; Apoticaire encor, si vous le trouvez bon. J'aime mieux consentir à tout, que de me faire assommer.

VALERE.

Ah voila qui va bien, Monsieur, je suis ravy de vous voir raisonnable.

LUCAS.

Vous me boutez la joye au cœur, quand je vous voy parler comme-ça.

VALERE.

Je vous demande pardon de toute mon ame.

LUCAS.

Je vous demandons excuse de la libarté que j'avons prise.

SGANARELLE *à part*.

Oüais, seroit-ce bien moy qui me tromperois, & ſerois-je devenu Medecin ſans m'en eſtre apperçeu?

VALERE.

Monſieur, vous ne vous repentirez pas de nous montrer ce que vous eſtes; & vous verrez aſſurément que vous en ſerez ſatisfait.

SGANARELLE.

Mais, Meſſieurs, dites-moy, ne vous trompez-vous point vous-meſme? Eſt-il bien aſſuré que je ſois Medecin?

LUCAS.

Oüy par ma figué.

SGANARELLE.

Tout-de-bon?

VALERE.

Sans-doute.

SGANARELLE.

Diable emporte ſi je le ſçavois.

VALERE.

Comment? Vous eſtes le plus habile Medecin du Monde.

SGANARELLE.

Ah! ah!

LUCAS.

Un Medecin qui a guary je ne ſçay combien de Maladies.

SGANARELLE

Tudieu!

VALERE.

Une Femme estoit tenuë pour morte il y avoit six heures; elle estoit preste à ensevelir, lors qu'avec une goute de quelque chose vous la fistes revenir, & marcher d'abord par la Chambre.

SGANARELLE.

Peste!

LUCAS.

Un petit Enfant de douze ans se laissit choir du haut d'un Clocher, dequoy il eust la teste, les jambes, & les bras cassez; & vous, avec je ne sçay quel Onguent, vous fistes qu'aussi-tost il se relevit sur ses pieds, & s'en fut joüer à la fossette.

SGANARELLE.

Diantre!

VALERE.

Enfin, Monsieur, vous aurez contentement avec nous; & vous gagnerez ce que vous voudrez, en vous laissant conduire où nous pretendons vous mener.

SGANARELLE.

Je gagneray ce que je voudray?

VALERE.

Oüy.

SGANARELLE.

Ah je suis Medecin sans contredit. Je l'avois oublié, mais je m'en ressouviens. Dequoy est-il question? où faut-il se transporter?

VALERE.

Nous vous conduirons. Il est question d'aller voir une Fille qui a perdu la parole.

SGANARELLE.

Ma foy je ne l'ay pas trouvée.

VALERE.

Il aime à rire. Allons, Monsieur.

SGANARELLE.

Sans une Robe de Medecin?

VALERE.

Nous en prendrons une.

SGANARELLE *presentant sa Bouteille à Valere.*

Tenez cela, vous. Voila où je mets mes Juleps. *Puis se tournant vers Lucas en crachant.* Vous, marchez là-dessus, par Ordonnance du Medecin.

VALERE.

Palsanguenne, vela un Medecin qui me plaist; je pense qu'il reüssira, car il est bouffon.

*Fin du Premier Acte.*

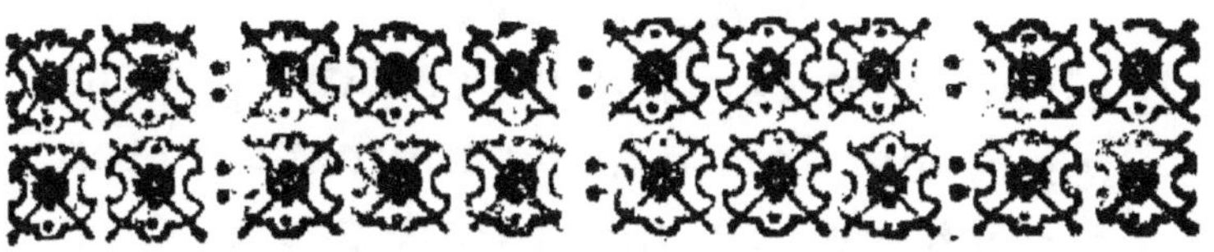

# ACTE II.

## SCENE PREMIERE.

GERONTE, VALERE, LUCAS, JACQUELINE.

VALERE.

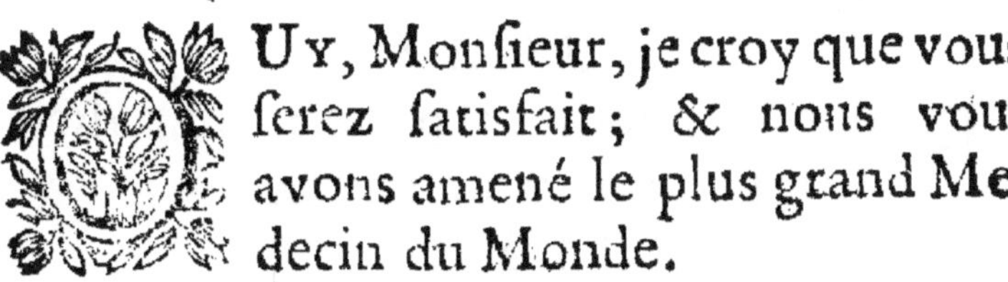

OUy, Monsieur, je croy que vous serez satisfait; & nous vous avons amené le plus grand Medecin du Monde.

LUCAS.

Oh morguenne, il faut tirer l'échelle apres cety-là ; & tou les autres ne sont pas daignes de ly déchausser ses soüillez.

VALERE.

C'est un Homme qui a fait des Cures merveilleuses.

LUCAS.

Qui a gary des Gens qui estiants morts.

VALERE.

Il est un peu capricieux, comme je vous ay dit ; & par fois il a des momens où son esprit s'échape, & ne paroist pas ce qu'il est.

LUCAS.

Oüy, il aime à boufonner, & l'an diroit par fois, ne v'sen déplaise, qu'il a quelque petit coup de hache à la teste.

VALERE.

Mais dans le fond il est toute Science ; & bien souvent il dit des choses tout-à-fait relevées.

LUCAS.

Quand il s'y boute, il parle tout fin drait comme s'il lisoit dans un Livre.

VALERE.

Sa réputation s'est déja répanduë icy ; & tout le monde vient à luy.

GERONTE.

Je meurs d'envie de le voir ; faites-le moy viste venir.

VALERE.

Je le vay querir.

JACQUELINE.

Par ma fy, Monsieu, cety-cy fera justement ce qu'ant fait les autres. Je pense que ce sera queussy queumy; & la meilleure Medeçaine que l'an pourroit bailler à vostre Fille, ce seroit, selon moy, un biau & bon Mary pour qui elle eut de l'amiqué.

GERONTE.

Oüais, Nourrice, ma Mie, vous vous meslez de bien des choses.

LUCAS.

Taisez-vous, nostre Ménagere Jaquelaine : ce n'est pas à vous à boutter là votte nez.

JACQUELINE.

Je vous dis & vous douze, que tous ces Medecins n'y feront rian que de liau claire; que vostre Fille a besoin d'autre chose que de Ribarbe & de Sené, & qu'un Mary est une emplastre qui garit tous les maux des Filles.

GERONTE.

Est-elle en état maintenant qu'on s'en voulut charger avec l'infirmité qu'elle a? Et lors que j'ay esté dans le dessein de la marier, ne s'est-elle pas opposée à mes volontez?

JACQUELINE.

Je le croy bian, vou ly voüilliez bailler eun Homme qu'alle n'aime point. Que ne preniais vous ce Monsieu Liandre qui ly touchoit au cœur ? Alle auroit esté fort obeissante ; & je m'en vas gager qu'il la prendroit ly, comme alle est, si vou la ly voüillais donner.

GERONTE.

Ce Leandre n'est pas ce qu'il luy faut ; il n'a pas du bien comme l'autre.

JACQUELINE.

Il a eun Oncle qui est si riche, dont il est heriquié ?

GERONTE.

Tous ces biens à venir me semblent autant de Chansons. Il n'est rien tel que ce qu'on tient ; & l'on court grand risque de s'abuser, lors que l'on compte sur le bien qu'un autre vous garde. La mort n'a pas toûjours les oreilles ouvertes aux vœux & aux prieres de Messieurs les Heritiers ; & l'on a le temps d'avoir les dents longues, lors qu'on attend pour vivre le trépas de quelqu'un.

JACQUELINE.

Enfin j'ay toûjours oüy dire, qu'en Mariage, comme ailleurs, contentement passe richesse. Les Peres & les Meres ant cette maudite couteume, de demander toûjours qu'a-t-il & qu'a-t-elle? & le Compere Piarre a marié sa Fille Simonette au gros Thomas pour un quarquié de Vaigne qu'il avoit davantage que le jeune Robin où alle avoit bouté son amiquié; & vela que la pauvre Creyature en est devenuë jaune comme eun Coin, & n'a point profité tout depuis ce temps-là. C'est un bel exemple pour vous, Monsieu; on n'a que son plaisir en ce Monde; & j'aimerois mieux bailler à ma Fille eun bon Mary qui ly fut agriable, que toutes les Rentes de la Biausse.

GERONTE.

Peste! Madame la Nourrice, comme vous dégoisez! Taisez-vous, je vous prie, vous prenez trop de soin, & vous échauffez vostre lait.

LUCAS *en disant cecy frape sur la poitrine de Geronte.*

Morgué, tais-toy, t'es eune impartinante. Monsieu n'a que faire de tes discours, & il sçait ce qu'il a à faire. Mesle-toy de donner à téter à ton Enfant, sans tant faire la raisonneuse. Monsieu est le Pere de sa Fille; & il est bon & sage, pour voir ce qu'il ly faut.

GERONTE.

Tout-doux; oh tout-doux.

LUCAS.

Monsieu, je veux un peu la mortifier, & ly apprendre le respect qu'alle vous doit.

GERONTE.

Oüy, mais ces gestes ne sont pas necessaires.

## SCENE II.

### VALERE, SGANARELLE, GERONTE, LUCAS, JACQUELINE.

VALERE.

Monsieur, preparez-vous, voicy nostre Medecin qui entre.

GERONTE.

Monsieur, je suis ravy de vous voir chez moy; & nous avons grand besoin de vous.

SGANARELLE *en Robe de Medecin, avec un Chapeau des plus pointus.*

Hipocrate dit.... que nous nous couvrions tous deux.

GERONTE.

Hipocrate dit cela ?

SGANARELLE.

Oüy.

GERONTE.

Dans quel Chapitre, s'il vous plaist?

SGANARELLE.

Dans ſon Chapitre des Chapeaux.

GERONTE.

Puis qu'Hipocrate le dit, il le faut faire.

SGANARELLE.

Monſieur le Medecin, ayant appris les merveilleuſes choſes....

GERONTE.

A qui parlez-vous, de grace?

SGANARELLE.

A vous.

GERONTE.

Je ne ſuis pas Medecin.

SGANARELLE.

Vous n'eſtes pas Medecin?

GERONTE.

Non vrayment.

SGANARELLE *prend icy un Baſton, & le bat comme on l'a batu.*

Tout-de-bon?

GERONTE.

Tout-de-bon. Ah, ah, ah.

SGANARELLE.

Vous estes Medecin maintenant; je n'ay jamais eu d'autres Licences.

GERONTE.

Quel diable d'Homme m'avez-vous-là amené?

VALERE.

Je vous ay bien dit que c'estoit un Medecin goguenard.

GERONTE.

Oüy; mais je l'envoyerois promener avec ses goguenarderies.

LUCAS.

Ne prenez pas garde à ça, Monsieu, ce n'est que pour rire.

GERONTE.

Cette raillerie ne me plaist pas.

SGANARELLE.

Monsieur, je vous demande pardon de la liberté que j'ay prise.

GERONTE.

Monsieur, je suis vostre serviteur.

SGANARELLE.

Je suis fâché....

GERONTE.

Cela n'est rien.

SGANARELLE.

Des coups de baston....

GERONTE.

Il n'y a pas de mal.

SGANARELLE.

Que j'ay eu l'honneur de vous donner.

GERONTE.

Ne parlons plus de cela. Monsieur, j'ay une Fille qui est tombée dans une étrange maladie.

SGANARELLE.

Je suis ravy, Monsieur, que vostre Fille ait besoin de moy ; & je souhaiterois de tout mon cœur que vous en eussiez besoin aussi vous & toute vostre Famille, pour vous témoigner l'envie que j'ay de vous servir.

GERONTE.

Je vous suis obligé de ces sentimens.

SGANARELLE.

Je vous assure que c'est du meilleur de mon ame que je vous parle.

GERONTE.

C'est trop d'honneur que vous me faites.

SGANARELLE.

Comment s'appelle vostre Fille?

GERONTE.

Lucinde.

SGANARELLE.

Lucinde! ah beau nom à médicamenter! Lucinde!

GERONTE.

Je m'en vais voir un peu ce qu'elle fait.

SGANARLLE.

Qui est cette grande Femme-là?

GERONTE.

C'est la Nourrice d'un petit Enfant que j'ay.

SGANARELLE.

Peste! le joly meuble que voila. Ah Nourrice! charmante Nourrice, ma Medecine est la tres-humble Esclave de vostre Nourricerie; & je voudrois bien estre le petit Poupon fortuné qui tetast le lait de vos bonnes graces. *Il luy porte la main sur le sein.* Tous mes remedes, toute ma science, toute ma capacité est à vostre service, &...

LUCAS.

Avec votte parmission, Monsieu le Medecin, laissez-là ma Femme, je vous prie.

SGANARELLE.

Quoy, est-elle vostre Femme?

LUCAS.

Oüy.

SGANARELLE *fait semblant d'embrasser Lucas; & se tournant du costé de la Nourrice, il l'embrasse.*

Ah vrayment je ne sçavois pas cela; & je m'en réjoüis pour l'amour de l'un & de l'autre.

LUCAS *en le tirant.*

Tout doucement, s'il vous plaist.

SGANARELLE.

Je vous assure que je suis ravy que vous soyez unis ensemble. *Il fait encor semblant d'embrasser Lucas; & passant dessous ses bras, se jette au col de sa Femme.* Je la felicite d'avoir un Mary comme vous; & je vous felicite vous, d'avoir une Femme si belle, si sage, & si bien faite comme elle est.

LUCAS *en le tirant encore.*

Eh testigué, point tant de compliment, je vous suplie.

SGANARELLE.

Ne voulez-vous pas que je me réjoüisse avec vous d'un si bel assemblage?

LUCAS.

Avec moy, tant qu'il vous plaira; mais avec ma Femme, treve de ſarimonie.

SGANARELLE.

Je prens part également au bonheur de tous deux. *Il continuë le meſme jeu.* Et ſi je vous embraſſe pour vous en témoigner ma joye, je l'embraſſe de meſme pour luy en témoigner auſſi.

LUCAS *en le tirant derechef.*

Ah vartigué, Monſieu le Medecin, que de lantiponages.

## SCENE III.

SGANARELLE, GERONTE, LUCAS, JACQUELINE.

GERONTE.

MOnſieur, voicy tout-à-l'heure ma Fille qu'on va vous amener.

SGANARELLE.

Je l'attens, Monſieur, avec toute la Medecine.

GERONTE.

Où eſt elle?

SGANARELLE *ſe touchant le front.*

Là-dedans.

GERONTE.

Fort-bien.

SGANARELLE *en voulant toucher les tétons de la Nourice.*

Mais comme je m'interesse à toute vostre Famille, il faut que j'essaye un peu le lait de vostre Nourrice, & que je visite son sein.

LUCAS *le tirant, & luy faisant faire la piroüette.*

Nanain, nanain, je n'avons que faire de çà.

SGANARELLE.

C'est l'Office du Medecin, de voir les tétons des Nourrices.

LUCAS.

Il gnia Office qui quienne, je sis votte sarviteur.

SGANARELLE.

As-tu bien la hardiesse de t'opposer au Medecin? Hors de là.

LUCAS.

Je me moque de çà.

SGANAR. *en le regardant de travers.*

Je te donneray la Fievre.

JACQUELINE *prenant Lucas par le bras, & luy faisant aussi faire la piroüette.*

Oste-toy de là aussi: Est-ce que je ne sis

pas assez grande pour me defendre moy-mesme, s'il me fait quelque chose qui ne soit pas à faire?

LUCAS.

Je ne veux pas qu'il te taste, moy.

SGANARELLE.

Fy le vilain, qui est jaloux de sa Femme.

GERONTE.

Voicy ma Fille.

## SCENE IV.

### LUCINDE, VALERE, GERONTE, LUCAS, SGANARELLE, JACQUELINE.

SGANARELLE.

Est-ce là la Malade?

GERONTE.

Oüy, je n'ay qu'elle de Fille; & j'aurois tous les regrets du monde, si elle venoit à mourir.

SGANARELLE.

Qu'elle s'en garde bien; il ne faut pas qu'elle meure sans l'Ordonnance du Medecin.

GERONTE.

Allons, un Siege.

SGANARELLE.

Voila une Malade qui n'eſt pas tant dégouſtante; & je tiens qu'un Homme bien ſain s'en accomoderoit aſſez.

GERONTE.

Vous l'avez fait rire, Monſieur.

SGANARELLE.

Tant-mieux; lors que le Medecin fait rire le Malade, c'eſt le meilleur ſigne du monde. Hé bien, dequoy eſt-il queſtion? qu'avez-vous? quel eſt le mal que vous ſentez?

LUCINDE *répond par ſignes, en portant ſa main à ſa bouche, à ſa teſte, & ſous ſon menton.*

Han, hi, hon, han.

SGANARELLE.

Eh! que dites-vous?

LUCINDE *continuë les meſmes geſtes.*

Han, hi, hon, han, han, hi, hon.

SGANARELLE.

Quoy?

LUCINDE.

Han, hi, hon.

SGANARELLE *la contrefaisant.*

Han, hi, hon, han ha. Je ne vous entens point : Quel diable de langage est-ce là?

GERONTE.

Monsieur, c'est là sa maladie : Elle est devenuë muette, sans que jusques icy on en ait pû sçavoir la cause ; & c'est un accident qui a fait reculer son Mariage.

SGANARELLE.

Et pourquoy?

GERONTE.

Celuy qu'elle doit épouser, veut attendre sa guerison, pour conclure les choses.

SGANARELLE.

Et qui est ce Sot-là, qui ne veut pas que sa Femme soit muette? Plût à Dieu que la mienne eut cette maladie, je me garderois bien de la vouloir guerir.

GERONTE.

Enfin, Monsieur, nous vous prions d'employer tous vos soins, pour la soulager de son mal.

SGANARELLE.

Ah ne vous mettez pas en peine. Dites-moy un peu, ce mal l'opresse-t-il beaucoup?

GERONTE.

Oüy, Monsieur.

SGANARELLE.

Tant-mieux. Sent-elle de grandes douleurs ?

GERONTE.

Fort grandes.

SGANARELLE.

C'est fort bien fait. Va-t-elle où vous sçavez ?

GERONTE.

Oüy.

SGANARELLE.

Copieusement ?

GERONTE.

Je n'entens rien à cela.

SGANARELLE.

La matiere est-elle loüable?

GERONTE.

Je ne me connois pas à ces choses.

SGANARELLE *se tournant vers la Malade.*

Donnez-moy vostre bras. Voila un pous qui marque que vostre Fille est muette.

GERONTE.

Eh oüy, Monsieur, c'est là son mal ; vous l'avez trouvé tout du premier coup.

SGANARELLE.

Ah, ah.

JACQUELINE.

Voyez comme il a deviné ſa maladie.

SGANARELLE.

Nous autres grands Medecins, nous connoiſſons d'abord les choſes. Un Ignorant auroit eſté embaraſſé, & vous euſt eſté dire, c'eſt cecy, c'eſt cela : mais moy, je touche au but du premier coup, & je vous apprens que voſtre Fille eſt muette.

GERONTE.

Oüy; mais je voudrois bien que vous me pûſſiez dire d'où cela vient?

SGANARELLE.

Il n'eſt rien de plus aiſé. Cela vient de ce qu'elle a perdu la parole.

GERONTE.

Fort-bien : mais la cauſe, s'il vous plaiſt, qui fait qu'elle a perdu la parole?

SGANARELLE.

Tous nos meilleurs Autheurs vous diront que c'eſt l'empeſchement de l'action de ſa langue.

GERONTE.

Mais encore, vos ſentimens ſur cet empeſchement de l'action de ſa langue?

SGANARELLE.

Ariſtote là-deſſus dit.... de fort belles choſes.

GERONTE.

Je le croy.

SGANARELLE.

Ah c'estoit un grand Homme!

GERONTE.

Sans-doute.

SGANARELLE *levant son bras depuis le coude.*

Grand Homme tout-à-fait : un Homme qui estoit plus grand que moy de tout cela. Pour revenir donc à nostre raisonnement: Je tiens que cet empeschement de l'action de sa langue est causé par de certaines humeurs qu'entre nous autres Sçavans nous appellons humeurs peccantes ; peccantes, c'est à dire.... humeurs peccantes ; d'autant que les vapeurs formées par les exhalaisons des influences qui s'élevent dans la région des maladies, venant... pour ainsi dire.... à.... Entendez-vous le Latin?

GERONTE.

En aucune façon.

SGANARELLE *se levant avec étonnement.*

Vous n'entendez point le Latin!

GERONTE.

Non.

SGANARELLE *en faisant diverses plaisantes postures.*

Cabricias arci thuram, catalamus, singulariter, nominativo hæc Musa la Muse, Bonus, bona, bonum, Deus sanctus, est ne oratio Latinas? etiam, oüy; quare, pourquoy; quia substantivo, & adjectivum, concordat in generi, numerum, & casus.

GERONTE.

Ah que n'ay-je étudié!

JACQUELINE.

L'habile Homme que vela!

LUCAS.

Oüy, ça est si biau, que je n'y entens goute.

SGANARELLE.

Or ces vapeurs dont je vous parle, venant à passer du costé gauche où est le foye, au costé droit où est le cœur, il se trouve que le poulmon que nous appellons en Latin, armyan, ayant communication avec le cerveau, que nous nommons en Grec, nasmus, par le moyen de la veine cave, que nous appellons en Hebreu, cubile, rencontre en son chemin lesdites vapeurs qui remplissent les ventricules de l'omoplate: & parce que lesdites vapeurs.... comprenez bien ce raiſonnement je vous prie ; & parce que leſdites vapeurs ont une certaine malignité.... Ecoutez bien cecy, je vous conjure.

GERONTE.

Oüy.

SGANARELLE.

Ont une certaine malignité qui eſt cauſée.... Soyez attentif, s'il vous plaiſt.

GERONTE.

Je le ſuis.

SGANARELLE.

Qui eſt cauſée par lacreté des humeurs engendrées dans la concavité du diaphragme, il arrive que ces vapeurs... Oſſabandus, nequeys, nequer, potarinum, quipſa milus. Voila juſtement ce qui fait que voſtre Fille eſt muette.

JACQUELINE.

Ah que ça eſt bian dit, notte Homme!

LUCAS.

Que n'ay-je la langue auſſi bian penduë!

GERONTE.

On ne peut pas mieux raiſonner ſans-doute. Il n'y a qu'une ſeule choſe qui m'a choqué ; c'eſt l'endroit du foye & du cœur. Il me ſemble que vous les placez autrement qu'ils ne ſont ; que le cœur eſt du coſté gauche, & le foye du costé droit.

SGANARELLE.

Oüy, cela estoit autrefois ainsi ; mais nous avons changé tout cela, & nous faisons maintenant la Medecine d'une méthode toute nouvelle.

GERONTE.

C'est ce que je ne sçavois pas ; & je vous demande pardon de mon ignorance.

SGANARELLE.

Il n'y a point de mal ; & vous n'estes pas obligé d'estre aussi habile que nous.

GERONTE.

Assurément : mais, Monsieur, que croyez-vous qu'il faille faire à cette maladie?

SGANARELLE.

Ce que je croy qu'il faille faire?

GERONTE.

Oüy.

SGANARELLE.

Mon avis est qu'on la remette sur son Lit ; & qu'on luy fasse prendre pour remede, quantité de Pain trempé dans du Vin.

GERONTE.

Pourquoy cela, Monsieur?

SGANARELLE.

Parce qu'il y a dans le Vin & le Pain,

meslez ensemble, une vertu simpathique qui fait parler. Ne voyez-vous pas bien qu'on ne donne autre chose aux Perroquets, & qu'ils apprennent à parler en mangeant de cela?

GERONTE.

Cela est vray. Ah le grand Homme! Viste, quantité de Pain & de Vin.

SGANARELLE.

Je reviendray voir sur le soir en quel état elle sera. *A la Nourrice.* Doucement, vous. Monsieur, voila une Nourrice à laquelle il faut que je fasse quelques petits remedes.

JACQUELINE.

Qui, moy? je me porte le mieux du Monde.

SGANARELLE.

Tant-pis, Nourrice, tant-pis. Cette grande santé est à craindre; & il ne sera pas mauvais de vous faire quelque petite Saignée amiable, de vous donner quelque petit Clystere dulcifiant.

GERONTE.

Mais, Monsieur, voila une mode que je ne comprens point. Pourquoy s'aller faire saigner, quand on n'a point de maladie?

SGANARELLE.

Il n'importe, la mode en est salutaire ; & comme on boit pour la soif à venir, il faut se faire aussi saigner pour la maladie à venir.

JACQUELINE *en se retirant.*

Ma fy, je me moque de çà ; & je ne veux point faire de mon Corps une Boutique d'Apoticaire.

SGANARELLE.

Vous estes rétive aux Remedes ; mais nous sçaurons vous soûmettre à la raison. *Parlant à Geronte.* Je vous donne le bonjour.

GERONTE.

Attendez un peu, s'il vous plaist.

SGANARELLE

Que voulez-vous faire?

GERONTE.

Vous donner de l'argent, Monsieur.

SGANARELLE *tendant sa main derriere par dessous sa Robe, tandis que Geronte ouvre sa Bource.*

Je n'en prendray pas, Monsieur.

GERONTE.

Monsieur.

SGANARELLE.

Point du tout.

GERONTE.

Un petit moment.

SGANARELLE.

En aucune façon.

GERONTE.

De grace.

SGANARELLE.

Vous vous moquez.

GERONTE.

Voila qui eſt fait.

SGANARELLE.

Je n'en feray rien.

GERONTE.

Eh!

SGANARELLE.

Ce n'eſt pas l'argent qui me fait agir.

GERONTE.

Je le croy.

SGANARELLE *apres avoir pris l'argent.*

Cela eſt-il de poids?

GERONTE.

Oüy, Monſieur.

SGANARELLE.

Je ne ſuis pas un Medecin mercenaire.

GERONTE.

Je le ſçay bien.

SGANARELLE.

L'interest ne me gouverne point.

GERONTE.

Je n'ay pas cette pensée.

## SCENE V.

SGANARELLE, LEANDRE.

SGANARELLE *regardant son argent.*

MA foy, cela ne va pas mal ; & pourveu que....

LEANDRE.

Monsieur, il y a longtemps que je vous attens ; & je viens implorer vostre assistance.

SGANARELLE *luy prenant le poignet.*

Voila un pous qui est fort mauvais.

LEANDRE.

Je ne suis point malade, Monsieur ; & ce n'est pas pour cela que je viens à vous.

SGANARELLE.

Si vous n'estes pas malade, que diable ne le dites-vous donc ?

LEANDRE.

Non. Pour vous dire la chose en deux

mots, je m'appelle Leandre, qui ſuis amoureux de Lucinde que vous venez de viſiter: & comme par la mauvaiſe humeur de ſon Pere, toute ſorte d'accés m'eſt fermé auprés d'elle, je me hazarde à vous prier de vouloir ſervir mon amour, & de me donner lieu d'executer un ſtratagéme que j'ay trouvé, pour luy pouvoir dire deux mots, d'où dépendent abſolument mon bonheur & ma vie.

SGANARELLE *paroiſſant en colere.*

Pour qui me prenez-vous? Comment! oſer vous adreſſer à moy pour vous ſervir dans voſtre amour, & vouloir ravaler la dignité de Medecin à des emplois de cette nature?

LEANDRE.

Monſieur, ne faites point de bruit.

SGANARELLE *en le faiſant reculer.*

J'en veux faire moy, vous eſtes un Impertinent.

LEANDRE.

Eh! Monſieur, doucement.

SGANARELLE.

Un Mal-aviſé.

LEANDRE.

De grace.

SGANARELLE.

Je vous apprendray que je ne suis point Homme à cela ; & que c'est une insolence extréme....

LEANDRE *tirant une Bourse qu'il luy donne.*

Monsieur.

SGANARELLE *tenant la Bourse.*

De vouloir m'employer.... Je ne parlé pas pour vous ; car vous estes honneste Homme, & je serois ravy de vous rendre service : Mais il y a de certains Impertinens au monde, qui viennent prendre les Gens pour ce qu'ils ne sont pas ; & je vous avoue que cela me met en colere.

LEANDRE.

Je vous demande pardon, Monsieur, de la liberté que....

SGANARELLE.

Vous vous moquez. Dequoy est-il question ?

LEANDRE.

Vous sçaurez donc, Monsieur, que cette maladie que vous voulez guerir, est une feinte maladie. Les Medecins ont raisonné là-dessus comme il faut ; & ils n'ont pas manque de dire que cela procedoit, qui du cerveau, qui des entrailles, qui de la ratte, qui du foye: mais il eſt certain que l'amour en eſt la veritable cauſe, & que Lucinde n'a trouvé cette maladie que pour ſe délivrer d'un Mariage dont elle eſtoit importunée. Mais de crainte qu'on ne nous voye enſemble, retirons-nous d'icy; & je vous diray en marchant, ce que je ſouhaite de vous.

SGANARELLE.

Allons, Monſieur, vous m'avez donné pour voſtre amour une tendreſſe qui n'eſt pas concevable; & j'y perdray toute ma Medecine, ou la Malade crévera, ou bien elle ſera à vous.

*Fin du Second Acte.*

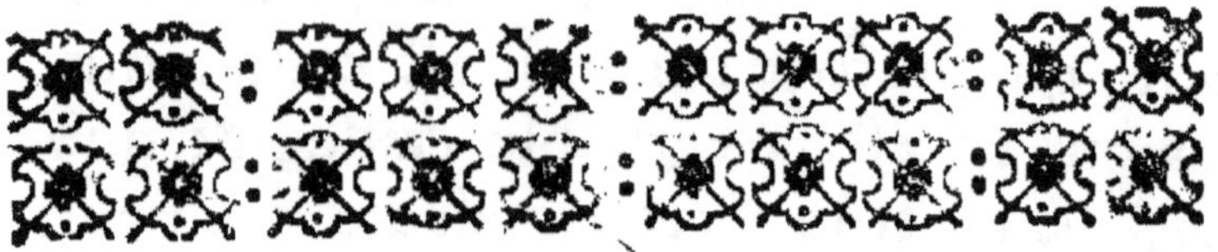

# ACTE III.

## SCENE PREMIERE.

### SGANARELLE, LEANDRE.

LEANDRE.

IL me ſemble que je ne ſuis pas mal ainſi pour un Apoticaire; & comme le Pere ne m'a guere veu, ce changement d'habit & de perruque eſt aſſez capable, je croy, de me déguiſer à ſes yeux.

SGANARELLE.

Sans-doute.

LEANDRE.

Tout ce que je ſouhaiterois, ſeroit de ſçavoir cinq ou ſix grands mots de Medecine, pour parer mon diſcours, & me donner l'air d'habile Homme.

SGANARELLE.

Allez, allez, tout cela n'eſt pas neceſſaire ; il ſuffit de l'habit, & je n'en ſçais pas plus que vous.

LEANDRE.

Comment !

SGANARELLE.

Diable emporte, ſi j'entens rien en Medecine. Vous eſtes honneſte Homme, & je veux bien me confier à vous, comme vous vous confiez à moy.

LEANDRE.

Quoy, vous n'eſtes pas effectivement....

SGANARELLE.

Non, vous dy-je, ils m'ont fait Medecin malgré mes dents. Je ne m'eſtois jamais meſlé d'eſtre ſi ſçavant que cela ; & toutes mes études n'ont eſté que juſqu'en Sixiéme, Je ne ſçay point ſur quoy cette imagination leur eſt venuë : mais quand j'ay veu qu'à toute force ils vouloient que je fuſſe Medecin, je me ſuis réſolu de l'eſtre aux deſpens de qui il appartiendra. Cependant vous ne ſçauriez croire comment l'erreur s'eſt répanduë, & de quelle façon chacun eſt endiablé à me croire habile Homme. On me vient chercher de tous les coſtez ; & ſi les choſes vont toûjours de meſme, je ſuis d'avis de m'en tenir toute ma vie à la Medecine. Je trouve que c'eſt le Meſtier le meilleur de tous ; car ſoit qu'on faſſe bien, ou ſoit qu'on faſſe mal, on eſt toûjours payé de meſme ſorte. La meſchante beſogne ne retombe jamais ſur noſtre dos, & nous taillons comme il nous plaiſt ſur l'étoffe où nous travaillons. Un Cordonnier en faiſant des Souliers, ne ſçauroit gaſter un morceau de cuir, qu'il n'en paye les pots caſſez : mais icy l'on peut gaſter un Homme ſans qu'il en couſte rien. Les béveuës ne ſont point pour nous ; & c'eſt toûjours la faute de celuy qui meurt. Enfin le bon de cette Profeſſion, eſt qu'il y a parmy les Morts une honneſteté, une diſcretion la plus grande du monde ; & jamais on n'en voit ſe plaindre du Medecin qui l'a tué.

LEANDRE.

Il eſt vray que les Morts ſont fort honneſtes Gens ſur cette matiere.

SGANARELLE *voyant des Hommes qui viennent à luy.*

Voila des Gens qui ont la mine de me venir conſulter. Allez toûjours m'attendre auprés du Logis de voſtre Maiſtreſſe.

# SCENE II.

## THIBAUT, PERRIN, SGANARELLE.

THIBAUT.

MOnsieu, je venons vous charcher, mon Fils Perrin & moy.

SGANARELLE.

Qu'y a-t-il?

THIBAUT.

Sa pauvre Mere, qui a nom Parette, est dans un Lit malade il y a six mois.

SGANARELLE *tendant la main comme pour recevoir de l'argent.*

Que voulez-vous que j'y fasse?

THIBAUT.

Je voudrions, Monsieu, que vous nous baillissiez quelque petite drôlerie pour la garir.

SGANARELLE.

Il faut voir dequoy est-ce qu'elle est malade?

THIBAUT.

Alle est malade d'hypocrisie, Monsieu.

SGANARELLE.

D'hypocrisie!

THIBAUT.

Oüy, c'est à dire qu'alle est enflée par tout, & l'an dit que c'est quantité de seriositez qu'alle a dans le Corps, & que son foye, son ventre, ou sa ratte, comme vous voudrais l'appeller, au glieu de faire du sang, ne fait plus que de liau. Alle a de deux jours l'un la fievre quotiguenne, avec des lassitudes & des douleurs dans les mufles des jambes. On entend dans sa gorge des fleumes qui sont tout prests à l'étoufer; & par fois il luy prend des sincoles & des conversions, que je crayons qu'alle est passée. J'avons dans notte Village un Apoticaire, reverence parler, qui ly a donné je ne sçay combien d'histoires; & il m'en couste plus d'eune douzaine de bons écus en Lavemens ne vs'en déplaise, en Apostumes qu'on ly a fait prendre, en Infections de Jacinthe, & en Portions cordales. Mais tout-ça, comme dit l'autre, n'a esté que de l'Onguent miton-mitaine. Il veloit ly bailler d'eune certaine drogue que l'on appelle du Vin ametile; mais j'ay-s-eu peur franchement que ça l'envoyit à patres, & l'an dit que ces gros Medecins tuont je ne ſçay combien de monde avec cette invention-là.

SGANARELLE *tendant toûjours la main, & la branlant comme pour ſigne qu'il demande de l'argent.*

Venons au fait, mon Amy, venons au fait.

THIBAUT.

Le fait eſt, Monſieu, que je venons vous prier de nous dire ce qu'il faut que je faſſions.

SGANARELLE.

Je ne vous entens point du tout.

PERRIN.

Monſieu, ma Mere eſt malade, & vela deux écus que je vous apportons pour nous bailler queuque Remede.

SGANARELLE.

Ah je vous entens, vous. Voila un Garçon qui parle clairement, qui s'explique comme il faut. Vous dites que voſtre Mere eſt malade d'hydropiſie, qu'elle eſt enflée par tout le Corps, qu'elle a la fievre, avec des douleurs dans les jambes, & qu'il luy prend par fois des ſyncopes, & des convulſions, c'eſt à dire des évanoüiſſemens.

PERRIN.

Eh oüy, Monſieu, c'eſt juſtement çà.

SGANARELLE.

J'ay compris d'abord vos paroles. Vous avez un Pere qui ne sçait ce qu'il dit. Maintenant vous me demandez un Remede?

PERRIN.

Oüy, Monsieu.

SGANARELLE.

Un Remede pour la guerir?

PERRIN.

C'est comme je l'entendons.

SGANARELLE.

Tenez, voila un morceau de Formage qu'il faut que vous luy fassiez prendre.

PERRIN.

Du Fromage, Monsieu?

SGANARELLE.

Oüy, c'est un Formage preparé, où il y entre de l'or, du coral, & des perles, & quantité d'autres choses précieuses.

PERRIN.

Monsieu, je vous sommes bien obligez; & j'allons ly faire prandre çà tout-à-l'heure.

SGANARELLE.

Allez. Si elle meurt, ne manquez pas de la faire enterrer du mieux que vous pourrez.

# SCENE III.

## JACQUELINE, SGANAR. LUCAS.

SGANARELLE.

VOicy la belle Nourrice. Ah Nourrice de mon cœur, je ſuis ravy de cette rencontre ; & voſtre veuë eſt la Rhubarbe, la Caſſe, & le Sené, qui purgent toute la mélancolie de mon ame.

JACQUELINE.

Par ma figué, Monſieu le Medecin, ça eſt trop bian dit pour moy, & je n'entens rien à tout voſtre Latin.

SGANARELLE.

Devenez malade, Nourrice, je vous prie, devenez malade pour l'amour de moy. J'aurois toutes les joyes du monde de vous guerir.

JACQUELINE.

Je ſis votte Sarvante, j'aime bian mieux qu'an ne me guariſſe pas.

SGANARELLE.

Que je vous plains, belle Nourrice, d'avoir un Mary jaloux & fâcheux comme celuy que vous avez !

JACQUELINE.

Que velez-vous, Monsieu, c'est pour la penitence de mes fautes ; & là où la Chevre est liée, il faut bian qu'alle y broute.

SGANARELLE.

Comment, un Rustre comme cela ! Un Homme qui vous observe toûjours, & ne veut pas que personne vous parle !

JACQUELINE.

Helas ! vous n'avez rien veu encore ; & ce n'est qu'un petit échantillon de sa mauvaise humeur.

SGANARELLE.

Est-il possible, & qu'un Homme ait l'ame assez basse pour mal-traitter une Personne comme vous ? Ah que j'en sçais, belle Nourrice, & qui ne sont pas loin d'icy, qui se tiendroient heureux de baiser seulement les petits bouts de vos petons ! Pourquoy faut-il qu'une Personne si bien faite, soit tombée en de telles mains ? & qu'un franc animal, un brutal, un stupide, un sot.... Pardonnez-moy, Nourrice, si je parle ainsi de vostre Mary.

JACQUELINE.

Eh, Monsieu, je sçay bien qu'il merite tous ces noms-là.

SGANARELLE.

Oüy sans doute, Nourrice, il les merite, & il meriteroit encore que vous luy missiez quelque chose sur la teste, pour le punir des soupçons qu'il a.

JACQUELINE.

Il est bien vray que si je n'avois devant les yeux que son interest, il pourroit m'obliger à queuque étrange chose.

SGANARELLE.

Ma foy, vous ne feriez pas mal de vous vanger de luy avec quelqu'un. C'est un Homme, je vous le dy, qui merite bien cela; & si j'estois assez heureux, belle Nourrice, pour estre choisi pour.... *En cet endroit tous deux appercevant Lucas qui estoit derriere eux, & entendoit leur Dialogue, chacun se retire de son costé, mais le Medecin d'une maniere fort plaisante.*

# SCENE IV.

## GERONTE, LUCAS.

GERONTE.

HOla, Lucas, n'as-tu point veu icy nostre Medecin?

LUCAS.

Et oüy de par tous les diantes, je l'ay veu, & ma Femme aussi.

GERONTE.

Où est-ce donc qu'il peut estre?

LUCAS.

Je ne sçay: mais je voudrois qu'il fut à tous les Guebles.

GERONTE.

Va-t-en voir un peu ce que fait ma Fille.

# SCENE V.

## SGANARELLE, LEANDRE, GERONTE.

GERONTE.

AH, Monsieur, je demandois où vous estiez ?

SGANARELLE.

Je m'estois amusé dans vostre Court à expulser le superflu de la Boisson. Comment se porte la Malade?

GERONTE.

Un peu plus mal, depuis vostre Remede.

SGANARELLE.

Tant-mieux. C'est signe qu'il opere.

GERONTE.

Oüy, mais en operant, je crains qu'il ne l'étoufe.

SGANARELLE.

Ne vous mettrez pas en peine; j'ay des Remedes qui se moquent de tout, & je l'attens à l'agonie.

GERONTE.

Qui est cet Homme-là que vous amenez?

SGANARELLE *faisant des signes avec la main que c'est un Apoticaire.*

C'est...

GERONTE.

Quoy?

SGANARELLE.

Celuy...

GERONTE.

Eh?

SGANARELLE.

Qui...

GERONTE.

Je vous entens.

SGANARELLE.

Vostre Fille en aura besoin.

## SCENE VI.

JACQUELINE, LUCINDE, GERONTE, LEANDRE, SGANARELLE.

JACQUELINE.

MOnsieu, vela vostre Fille qui veut un peu marché.

SGANARELLE.

Cela luy fera du bien. Allez-vous-en,

Monsieur l'Apoticaire, taster un peu son pouls, afin que je raisonne tantost avec vous de sa maladie. *En cet endroit il tire Geronte à un bout du Theatre, & luy passant un bras sur les épaules, luy rabat la main sous le menton, avec laquelle il le fait retourner vers luy, lors qu'il veut regarder ce que sa Fille & l'Apoticaire font ensemble, luy tenant cependant le discours suivant pour l'amuser.* Monsieur, c'est une grande & subtile question entre les Docteurs, de sçavoir si les Femmes sont plus faciles à guerir que les Hommes. Je vous prie d'écouter cecy, s'il vous plaist. Les uns disent que non; les autres disent que oüy; & moy je dis que oüy, & non : d'autant que l'incongruité des humeurs opaques qui se rencontrent au tempérament naturel des Femmes, estant cause que la partie brutale veut toûjours prendre empire sur la sensitive, on voit que l'inégalité de leurs opinions dépend du mouvement oblique du cercle de la Lune; & comme le Soleil qui darde ses rayons sur la concavité de la Terre, trouve...

LUCINDE.

Non, je ne suis point du tout capable de changer de sentimens.

GERONTE.

Voila ma Fille qui parle. O grande vertu du Remede! ô admirable Medecin! Que je vous suis obligé, Monsieur, de cette guerison merveilleuse; & que puis-je faire pour vous apres un tel service!

SGANARELLE *se promenant sur le Theatre, & s'essuyant le front.*

Voila une Maladie qui m'a bien donné de la peine!

LUCINDE.

Oüy, mon Pere, j'ay recouvré la parole; mais je l'ay recouvrée pour vous dire, que je n'auray jamais d'autre Epous que Leandre, & que c'est inutilement que vous voulez me donner Horace.

GERONTE.

Mais....

LUCINDE.

Rien n'est capable d'ébranler la résolution que j'ay prise.

GERONTE.

Quoy....

LUCINDE.

Vous m'opposerez en vain de belles Raisons.

GERONTE.

Si....

LUCINDE.

Tous vos discours ne serviront de rien.

GERONTE.

Je....

LUCINDE.

C'est une chose où je suis déterminée.

GERONTE.

Mais....

LUCINDE.

Il n'est puissance Paternelle qui me puisse obliger à me marier malgré moy.

GERONTE.

J'ay...

LUCINDE.

Vous avez beau faire tous vos efforts.

GERONTE.

Il....

LUCINDE.

Mon cœur ne sçauroit se soûmettre à cette tyrannie.

GERONTE.

La....

LUCINDE.

Et je me jetteray plutost dans un Convent, que d'épouser un Homme que je n'aime point.

GERONTE.

Mais....

LUCINDE *parlant d'un ton de voix à étourdir.*

Non. En aucune façon. Point d'affaire. Vous perdez le temps. Je n'en feray rien. Cela est résolu.

GERONTE.

Ah quelle impétüosité de paroles ! Il n'y a pas moyen d'y résister. Monsieur, je vous prie de la faire redevenir muette.

SGANARELLE.

C'est une chose qui m'est impossible. Tout ce que je puis faire pour vostre service, est de vous rendre sourd, si vous voulez.

GERONTE.

Je vous remercie. Penses-tu donc....

LUCINDE.

Non, toutes vos raisons ne gagneront rien sur mon ame.

GERONTE.

Tu épouseras Horace dés ce soir.

LUCINDE.

J'épouseray plutost la Mort.

SGANARELLE.

Mon Dieu, arrestez-vous, laissez-moy

médicamenter cette affaire. C'est une maladie qui la tient ; & je sçais le remede qu'il y faut apporter.

GERONTE.

Seroit-il possible, Monsieur, que vous pussiez aussi guerir cette maladie d'esprit?

SGANARELLE.

Oüy. laissez-moy faire, j'ay des Remedes pour tout; & nostre Apoticaire nous servira pour cette Cure. *Il appelle l'Apoticaire, & luy parle.* Un mot. Vous voyez que l'ardeur qu'elle a pour ce Leandre, est tout-à-fait contraire aux volontez du Pere, qu'il n'y a point de temps à perdre, que les humeurs sont fort aigries, & qu'il est necessaire de trouver promptement un remede à ce mal qui pourroit empirer par le retardement. Pour moy je n'y en vois qu'un seul, qui est une prise de Fuite Purgative, que vous meslerez comme il faut avec deux drachmes de Matrimonium en Pilules. Peut-estre fera-t-elle quelque difficulté à prendre ce Remede : mais comme vous estes habile Homme dans vostre Mestier, c'est à vous de l'y résoudre, & de luy faire avaler la chose du mieux que vous pourrez. Allez-vous-en luy faire faire un petit tour de Jardin, afin de preparer les humeurs, tandis que j'entretiendray icy son Pere: mais sur tout ne perdez point de temps. Au Remede, viste, au Remede specifique.

# SCENE VII.

## GERONTE, SGANARELLE.

GERONTE.

QUelles Drogues, Monsieur, sont celles que vous venez de dire? Il me semble que je ne les ay jamais oüy nommer.

SGANARELLE.

Ce sont Drogues dont on se sert dans les nécessitez urgentes.

GERONTE.

Avez-vous jamais veu une insolence pareille a la sienne?

SGANARELLE.

Les Filles sont quelquefois un peu testuës.

GERONTE.

Vous ne sçauriez croire comme elle est affolée de ce Leandre.

SGANARELLE.

La chaleur du ſang fait cela dans les jeunes Eſprits.

GERONTE.

Pour moy, dés que j'ay eu découvert la violence de cet amour, j'ay ſçeu tenir toûjours ma Fille renfermée.

SGANARELLE.

Vous avez fait ſagement.

GERONTE.

Et j'ay bien empeſché qu'ils n'ayent eu communication enſemble.

SGANARELLE.

Fort-bien.

GERONTE.

Il ſeroit arrivé quelque folie, ſi j'avois ſouffert qu'ils ſe fuſſent veus.

SGANARELLE.

Sans-doute.

GERONTE.

Et je croy qu'elle auroit eſté Fille à s'en aller avec luy.

SGANARELLE.

C'eſt prudemment raiſonné.

GERONTE.

On m'avertit qu'il fait tous ſes efforts pour luy parler.

SGANARELLE.

Quel Drole!

GERONTE.

Mais il perdra son temps.

SGANARELLE.

Ah, ah.

GERONTE.

Et j'empescheray bien qu'il ne la voye.

SGANARELLE.

Il n'a pas affaire à un Sot, & vous sçavez des rubriques qu'il ne sçait pas. Plus fin que vous n'est pas beste.

## SCENE VIII.

LUCAS, GERONTE, SGANARELLE.

LUCAS.

AH palsanguenne, Monsieu, vaicy bian du tintamarre; votte Fille s'en est enfuye avec son Liandre. C'estoit luy qui estoit l'Apoticaire; & vela Monsieu le Médecin qui a fait cette belle operation-là.

GERONTE.

Comment, m'assassiner de la façon! Allons, un Commissaire, & qu'on empesche qu'il ne sorte. Ah Traistre, je vous feray punir par la Justice.

LUCAS.

Ah par ma fy, Monsieu le Medecin, vous serez pendu ; ne bougez de là seulement.

# SCENE IX.

## MARTINE, SGANARELLE, LUCAS.

MARTINE.

AH mon Dieu, que j'ay eu de peine à trouver ce Logis ! Dites-moy un peu des nouvelles du Medecin que je vous ay donné ?

LUCAS.

Le vela qui va estre pendu.

MARTINE.

Quoy, mon Mary pendu ! Helas ! Et qu'a-t-il fait pour cela ?

LUCAS.

Il a fait enlever la Fille de notte Maistre.

MARTINE.

Helas ! mon cher Mary, est-il bien vray qu'on te va pendre ?

SGANARELLE.

Tu vois. Ah!

MARTINE.

Faut-il que tu te laisses mourir en presence de tant de Gens?

SGANARELLE.

Que veux-tu que j'y fasse?

MARTINE.

Encore si tu avois achevé de couper nostre Bois, je prendrois quelque consolation.

SGANARELLE.

Retire-toy de là, tu me fends le cœur.

MARTINE.

Non, je veux demeurer pour t'encourager à la mort; & je ne te quitteray point, que je ne t'aye veu pendu.

SGANARELLE.

Ah!

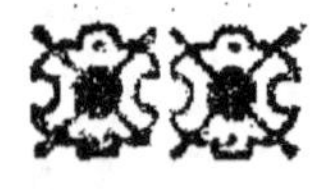

# SCENE X.

## GERONTE, SGANARELLE, MARTINE, LUCAS.

GERONTE.

Le Commissaire viendra bientost, & l'on s'en va vous mettre en lieu où l'on me répondra de vous.

SGANARELLE *le chapeau à la main.*

Helas! cela ne se peut-il point changer en quelques coups de baston?

GERONTE.

Non, non, la Justice en ordonnera. Mais que vois-je?

## SCENE DERNIERE.

### LEANDRE, LUCINDE, JACQUELINE, LUCAS, GERONTE, SGANARELLE, MARTINE.

LEANDRE.

MOnſieur, je viens faire paroiſtre Leandre à vos yeux, & remettre Lucinde en voſtre pouvoir. Nous avons eu deſſein de prendre la fuite nous deux, & de nous aller marier enſemble : mais cette entrepriſe a fait place à un procedé plus honneſte. Je ne prétens point vous voler voſtre Fille, & ce n'eſt que de voſtre main que je veux la recevoir. Ce que je vous diray, Monſieur, c'eſt que je viens tout-à-l'heure de recevoir des Lettres par où j'aprens que mon Oncle eſt mort, & que je ſuis heritier de tous ſes biens.

GERONTE.

Monſieur, voſtre vertu m'eſt tout-à-fait conſidérable, & je vous donne ma Fille avec la plus grande joye du monde.

SGANARELLE.

La Medecine l'a échapé belle.

MARTINE.

Puis que tu ne feras point pendu, rens-moy grace d'eſtre Medecin, car c'eſt moy qui t'ay procuré cet honneur.

SGANARELLE.

Oüy, c'eſt toy qui m'as procuré je ne ſçay combien de coups de baſton.

LEANDRE.

L'effet en eſt trop beau, pour en garder du reſſentiment.

SGANARELLE.

Soit, je te pardonne ces coups de baſton, en faveur de la Dignité où tu m'as élevé: mais prepare-toy deſormais à vivre dans un grand reſpect avec un Homme de ma conſequence; & ſonge que la colere d'un Medecin eſt plus à craindre qu'on ne peut croire.

FIN.

www.ingramcontent.com/pod-product-compliance
Lightning Source LLC
LaVergne TN
LVHW012351220826
846092LV00002B/512
*9782329734507*